AF324466

CASSANDRE,

HUISSIER,

COMÉDIE-PARADE

EN UN ACTE,

MÊLÉE DE VAUDEVILLES;

Représentée, pour la première fois, sur le théâtre de la Gaieté, le 16 germinal an XI.

Par MM. HENRION et M... auteurs d'*Allons en Russie*, et des *Amours de la Halle*.

A PARIS,

Chez BARBA, Libraire, Palais du Tribunat, galerie derrière le Théâtre Français de la République, n°. 51.

AN XI. (1803.)

PERSONNAGES.	ACTEURS.
CASSANDRE, huissier.	*Genest.*
COLOMBINE, sa fille.	Mlle. *Savigny.*
ARLEQUIN, amant de Colombine.	*St.-Preux.*
GILLES, prétendu de Colombine.	*Crébillez.*

La scène se passe à Paris dans la maison de Cassandre.

CASSANDRE,
HUISSIER.

SCENE PREMIERE.

COLOMBINE, *seule.*

Relisons la lettre de ma rivale.

Chartres, ce jeudi.

« Mademoiselle.

» J'apprends que Gilles part de Chartres pour Paris, dans
» l'intention de s'y marier, et j'ai decouvert que c'était vous
» qui lui étiez destinée. Pardon, mademoiselle, si, ne
» vous connaissant pas, j'ose vous donner un conseil qui,
» quoique peut-être intéressé, n'en est pas moins bon. Ce
» Gilles, que vous devez épouser est un traître, un perfide,
» un suborneur, qui m'a séduite et trompée par une vaine
» promesse de mariage ; jugez, d'après cela, si vous devez
» l'accepter pour époux ; ne négligez pas cet avis, et croyez-
» moi, votre servante, Sophie.

En vérité, mademoiselle Sophie est une fille bien officieuse,
mais l'envie de me servir n'est pas le seul motif qui la guide.

Air : *De la Croisée.*

Pour se venger d'un suborneur,
Elle me rend un bon office,
Je sais, à sa juste valeur,
Apprécier un tel service ;
De Gilles elle a reçu la foi,
Et quant à cette avis utile,
C'est moins par intérêt pour moi
Que par amour pour Gille.

Ne craignez rien, mademoiselle Sophie, je ne m'opposerai point à votre bonheur, et je vous céderais, sans regret, votre bien aimé Gilles, si mon père, malgré ce trait indigne, ne me forçait à l'épouer.

SCENE II.
CASSANDRE, COLOMBINE.

CASSANDRE.

Voilà bientôt l'heure à laquelle la diligence de Chartres arrive ; il est tems que j'aille au-devant de mon gendre.

COLOMBINE.

Mon père ! vous voulez donc faire le malheur de ma vie.

CASSANDRE.

Je sais mieux que toi ce qui te conviens, et quand je te donne Gilles pour époux...

COLOMBINE.

S'il allait m'abandonner comme sa beauté de Chartres ?

CASSANDRE.

Impossible.

COLOMBINE.

Un volage.

CASSANDRE.

Mademoiselle Cassandre est faite pour le fixer.

COLOMBINE.

Et ce pauvre Arlequin ?

CASSANDRE.

Je vous ai défendu de m'en parler.

COLOMBINE.

Vous le haïssez donc bien ?

CASSANDRE.

C'est ma bête noire. J'aime à lire sur le visage des gens ce qu'ils pensent... Le teint de Gilles m'a fait bien augurer de lui.

COLOMBINE.

Ah ! mon père, quelle erreur !

Air : *Souvent la nuit* : etc. (Du Traité nul.)

Cette maxime, je vous jure,
Est dangereuse à propager,

Sur les traits de notre figure
Est-il prudent de nous juger.
Ah ! si le noir est son partage,
Mérite-t-il votre rigueur ?
Quand tant de gens ont dans le cœur,
Celui qu'on voit sur son visage.

CASSANDRE.

Je vous l'ai dit cent fois ; Arlequin n'est point le gendre qu'il me faut. C'est un paresseux ; d'ailleurs, votre Arlequin n'est au fond qu'un ignorant, qui n'était jamais à l'étude, et qui, loin d'employer son tems, le perdait à la Roulette.

COLOMBINE.

Rappelez-vous, mon père, que vous m'avez dit vous-même qu'il ne savait pas ce jeu.

CASSANDRE.

Il vient bien de le prouver, toujours.

Air : *Il faut quitter ce que j'adore.*

Hier il fut à la roulette
Sur la *rouge* il mit un écu,
Soudain la boule qui s'arrête
Marque *noir*, donc il a perdu ;
Le banquier, qu'un geste accompagne,
Disait aux deux payeurs du bout,
Payez au *noir*, c'est noir qui gagne,
Mons Arlequin ramassait tout.

COLOMBINE.

Son ignorance à ce jeu, prouve sa bonne conduite.

CASSANDRE.

De plus, il n'entend rien à la chicane, et, par délicatesse, le pendard me ruinait ; d'un autre côté, vous connaissez les raisons qui me forcent à conclure votre mariage avec Gilles : son père est procureur à Chartres. J'ai toujours eu l'intention de m'y retirer ; et, lorsque vous serez madame Gilles, votre beau-père n'osera pas confier les affaires de ses clients à d'autre qu'à moi.

COLOMBINE.

Voilà qui est bien pour l'intérêt ; mais le bonheur...

CASSANDRE.

N'existe point sans argent. Quant à M. Arlequin, je lui

ai signifié de ne plus remettre les pieds ici ; et nous verrons si l'on m'obéira. Je cours au-devant de votre futur époux.

(*Il sort.*)

SCENE III.
COLOMBINE, *seule.*

Mon futur époux ! ce mot me désespère. Que je suis malheureuse ! Regardons à la fenêtre si mon père est loin , et si mon Arlequin profite de son absence. (*elle regarde à la fenêtre.*) Bon , son ami Scapin fait sentinelle à la porte ; mon amant ne tardera pas à venir. C'est un véritable ami que Scapin ! qu'il est doux , mais qu'il est rare d'en trouver de semblables.

Air du Défi.

Deux vrais amis savent s'entendre ,
Leurs cœurs sont unis sans détour ,
L'amitié peut être aussi tendre ,
Quoique moins vive que l'amour.
Tu fais le charme de la vie ,
En tous lieux divine amitié ,
Qui sait te goûter fait envie ,
Qui te méconnait fait pitié.

SCENE IV.
COLOMBINE, ARLEQUIN.

COLOMBINE.
Te voilà , mon ami ; si mon père rentrait...

ARLEQUIN.
Ne crains rien, ma bonne amie, tu sais que Scapin monte toujours la garde à ta porte et qu'il bat trois fois des mains quand il voit revenir M. Cassandre. D'ailleurs je veux lui parler et le décider . . .

COLOMBINE.
Ah ! mon pauvre Arlequin, nous n'avons plus d'espoir.

ARLEQUIN.
Comment, plus d'espoir ! il ne reste donc plus d'amour.

COLOMBINE.
Au contraire. Mais Gilles, ton rival, arrive à Paris ce matin même.

ARLEQUIN.

Nous le ferons partir ; j'irai me jetter aux genoux de ton père.

COLOMBINE.

Il t'y laissera.

ARLEQUIN.

Cela ne ferait pas mon comte , je ne me jetterais aux pieds du père que pour passer dans les bras de la fille. Mais il m'en veut donc bien M. Cassandre.

COLOMBINE.

Il est d'une colère... Arlequin, dit-il, ne m'en parlez-pas, il fait des vers au lieu de s'occuper de son état. S'il nous offrait encore quelque bonne tragédie, ajoute-t-il, je pourrais lui pardonner ; mais monsieur fait des madrigaux aux belles.

ARLEQUIN.

Je plains son aveuglement. Non, messieurs les poëtes tragiques, je n'envierai jamais votre sort.

Air : *Jai vu partout dans mes voyages.*

> Vous chantez dans la tragédie
> Les héros de l'antiquité ,
> Je fais des vers pour mon amie ,
> Et je chante la volupté ;
> Vos noms au temple de mémoire
> Valent-ils mes traits dans son cœur ,
> Vous n'aurez goûté que la gloire
> Et j'aurai jouit du bonheur.

Mais tout cela ne touche pas le cœur d'un huissier, et ton père préfère l'argent au mérite.

COLOMBINE.

Il vient d'ajouter à son avarice une autre passion qui lui tourne encore la tête.

ARLEQUIN.

Quelle est-elle ?

COLOMBINE.

L'ambition.

Air : *Un jour Guillot trouva Lisette.*

> Il dit que d'antique famille ,
> Gilles est un heureux rejeton ,
> Et que le monde entier fourmille
> De grands hommes du même nom ;

Il dit qu'on cite dans l'histoire
Gilbert , Gillogne , Gillotin ,
Il voulait bien me faire accroire
Que Gilblas était son cousin.

ARLEQUIN.

Sangodemi ! quel homme , mais si ce n'est que cela , ma bonne amie , je dois encore l'emporter sur Gilles.

Air : *Vaudeville de l'Opéra comique.*

Que ton père plein de rigueur ,
Quand l'ambition le domine ,
Recherche pour donner ton cœur
Un homme de noble origine ;
En est-il parmi tes amans
Qui soit de plus illustre race ,
On assure que je descends
Des contes de BOCACE.

COLOMBINE.

Que ne faisais-tu voir tes titres à mon père.

ARLEQUIN.

C'est que notre famille est si ancienne, que nos parchemins ont été perdus au déluge.

COLOMBINE.

Ah ! je crains bien que mon père...

ARLEQUIN.

S'il n'entend pas raison, nous jourons quelques tours à Gilles qui lui ôteront l'envie de t'épouser ; cela ne sera pas difficile , car c'est l'être le plus bête...

COLOMBINE.

Tu le connais.

ARLEQUIN.

Sans doute , j'ai été clerc à Chartres chez son père.
(On entend frapper trois coups dans les mains)

COLOMBINE.

J'entends le signal ; voici mon père , sauve-toi.

ARLEQUIN.

Non, non , je suis bien aise de le voir et de lui dire...

SCENE V.

LES PRÉCÉDENS, CASSANDRE, GILLES,
une valise sur le dos.

CASSANDRE.

Ma fille, voici ce beau garçon que j'ai rencontré en route,
il venait seul et... Comment, vous ici, M. Arlequin, après
ma défence.

GILLES.

Cette vilaine figure-là me poursuit partout.

COLOMBINE.

Mon père . . .

CASSANDRE.

Taisez-vous, mademoiselle, et vous, répondez cathégori-
quement ; que venez-vous faire ici ?

ARLEQUIN.

Je viens vous voir, M. Cassandre.

CASSANDRE.

Je me passe fort bien de vos visites.

GILLES.

Sûrement qu'on s'en passe bien.

ARLEQUIN.

Je viens aussi pour vous remettre ces papiers.

CASSANDRE.

Donnez.

ARLEQUIN.

Les voici. Vous n'avez-pas de signification à porter, d'exploits ?

CASSANDRE.

Je n'ai plus besoin de vos services ; voilà mon gendre
qui s'acquittera mieux que vous de cet emploi. Ma fille, je
vous présente M. Gilles, qui vient pour recevoir votre main.

GILLES.

Par l'ordre de mon cher père.

ARLEQUIN, *à part.*

Oh ! qn'il est bête.

COLOMBINE.

Monsieur . . .

CASSANDRE.

Saluez donc, ma fille.

Cassandre   B

G I L L E S.

Savez-vous, mademoiselle, qu'il ma fallu tout le bien qu'on ma dit de vous , pour que je vinsse à Paris , ça coute fièrement cher , allez.

C O L O M B I N E.

Je suis fâché , monsieur, de vous avoir causé cette dépense.

A R L E Q U I N.

Tu n'est pas poli, mon ami.

G I L L E S.

Qu'appelles-tu , pas poli ; on disait à Chartres que j'étais galant comme une étrenne mignone. Je vous disais donc, mademoiselle , que ça coutait fièrement cher ; cependant je ne regarde pas à la dépense pour vous, et si vous voulez me permettre. (*il s'approche de Colombine pour l'embrasser, Arlequin le repousse et l'embrasse à sa place.*)

G I L L E S.

A ma barbe , comment, et vous souffrez ça, beau-père; la veille de mes nôces ; ah bien ! il est joli, celui-la.

C A S S A N D R E. —

Qu'on sorte à l'instant de chez moi.

Air : *Privez-vous tous.* (Du Billet de logement.)

Ose-t-on me faire un tel affront,
Pour qui prenez vous dont
Un Cassandre ;
Pour ne pas mourir sous le bâton,
A l'instant sortez de la maison.

C O L O M B I N E.

Mon père, daignez l'entendre
Et le traiter sans rigueur.

G I L L E S.

Surtout n'allez pas vous rendre ,
Montrez donc de la vigueur.

G I L L E S E T C A S S A N D R E.

E N S E M B L E.

Ose-t-on me faire, etc.
Ose-t-on lui faire, etc.

A R L E Q U I N, *à Gilles.*

Tu me le paieras.

GILLES.

Il me menace.

(Arlequin feint de sortir et reste caché derrière la porte pendant toute cette scène ; Colombine va lui parler derrière son père, qui cause avec Gilles.)

SCENE VI.

COLOMBINE, CASSANDRE, GILLES.

GILLES.

Je dis, papa, que vous venez de faire un fier coup d'autorité.

CASSANDRE.

Comment donc, vit-on jamais pareille insolence ? Mais, mon cher Gilles, laissons cela, et parlons de nos affaires.

COLOMBINE.

Quel supplice !

CASSANDRE.

Comment vont les procès, à Chartres ? y plaide-t-on beaucoup ?

GILLES.

Plus que jamais ; beau-père.

Air : *des Montagnards.*

Nous voyons plaider à la ronde
Le mineur contre son tuteur,
Le normand contre tout le monde,
Le père contre un suborneur ; (*bis.*)
La pudeur contre nos coquettes,
Les femmes contre leurs maris.

CASSANDRE.

Mais au récit que vous me faites
C'est à Chartres comme à Paris.

De sorte que votre charge est toujours lucrative.

GILLES.

Sans doute, et c'est tout simple.

Air : *Dorilas contre moi.*

Vainement un client enragé
Quand il vient de perdre un procès,
Il faut toujours d'après l'usage

> Nous payer nos soins et nos frais ;
> En suivant cet ordre de choses,
> On s'enrichit facilement ,
> Car en perdant la plupart de nos causes,
> Nous n'en gagnons pas moins d'argent.

Ah ! j'étais bien chez mon père, je lui servais de clerc et de recors , tout-à-la fois.

Air : *Ma tante est un modèle unique.*

> A Chartres, dans plus d'une affaire ,
> On a parlé de mes exploits ,
> C'est moi qu'on chargeait de les faire
> Et de les porter quelquefois ;
> Sur cet état envain l'on glose ,
> Car un recors de la maison
> Rembourse toujous quelque chose.

CASSANDRE.

Sans compter le tour du bâton.

Vous voyez , ma fille , l'utilité de votre mariage avec Gilles , et les bonnes affaires que nous ferons quand nos deux familles seront réunies.

GILLES.

Ah ! c'est vrai. Mais , mon cher père est probablement inquiet , ne serait-il pas à propos de lui écrire mon arrivée chez vous ?

CASSANDRE.

C'est penser en bon fils : allons , mon gendre , puisque les choses sont en si bon train , je monte lui écrire votre arrivée et les dispositions où je suis de conclure dès aujourd'hui votre mariage.

GILLES.

Papa Cassandre , il me vient une idée.

CASSANDRE.

Pour ma lettre ?

GILLES.

Non , c'est que j'ai envie de rester auprès de ma future , pendant que vous allez faire votre correspondance.

COLOMBINE, *à part.*

Quel contre-tems !

CASSANDRE.

A vous permis , mon cher Gilles... au point où nous en sommes... Je monte dans mon cabinet.   (*il sort.*)

SCENE V.

COLOMBINE, GILLES, ARLEQUIN, *caché.*

COLOMBINE, *à part.*

Suis-je assez contrariée ; il ne s'en ira pas.

ARLEQUIN, *entr'ouvrant la porte.*

Le coquin de Gilles me le paiera.

GILLES.

Ne m'appelez-vous pas, M. Cassandre.

COLOMBINE.

En effet, je crois entendre...

GILLES.

Ah bien ! tant pis, ma chère furure, je ne suis pas assez mal'honnête, pour vous quitter comme ça.

COLOMBINE.

Je serais fâchée de vous gêner, monsieur ; et si mon père a quelque chose à vous communiquer...

GILLES.

Il me le commnnniquera après ; quand l'amour parle, je n'entends rien... C'est donc demain, que nous nous marions.

COLOMBINE.

Mais on m'a dit, monsieur, que vous ne quittiez pas Chartres, sans regrets, et qu'une belle que vous deviez épouser.

GILLES, *à part.*

Ah ! mon dieu, est-ce qu'elle saurait quelque chose. (*haut.*) Il est vrai qu'à Chartres, les femmes m'aimaient à la fureur ; mais, je ne devais épouser personne.

COLOMBINE.

Et mademoiselle Sophie ?

GILLES, *à part.*

Elle sait tout. (*haut.*) Diable m'emporte, si je la connais.

ARLEQUIN, *soufflant Colombine.*

Et le bal des neuf Grâces.

COLOMBINE.

Et le bal des neuf Grâces, où vous alliez ?

(14)

G I L L E S.

Je n'y suis allé qu'une fois ; il est vrai que j'y passais pour
le Vestris de Chartres.

A R L E Q U I N, *soufflant Colombine.*

Et les petits soupers, au moulin champêtre ?

C O L O M B I N E.

Et les petits soupers , au moulin champêtre ?

G I L L E S, *à part.*

Mais , d'où diable sait-elle tout cela ? (*haut.*) Ah ! c'est
vrai que c'était bien des petits soupers , car , le restaura-
rateur , tout en faisant payer fort cher , fait ses plats si petits ,
qu'on croirait toujours que ce ne sont que des échantillons
de ce qu'il va servir.

C O L O M B I N E.

Et vous croyez, monsieur, que je consentirai à donner
ma main à un homme qui devait épouser mademoiselle
Sophie ; qui passait pour le Vestris de Chartres, et qui fait
des petits soupers au moulin champêtre... Oh ! non , sans
doute, et , je ne veux pour époux qu'un garçon de bonne
conduite.

S C E N E   V I I I.

GILLES, COLOMBINE, ARLEQUIN, *caché*, CASSANDRE, *arrive en lisant la fin de sa lettre.*

C A S S A N D R E, *lit.*

« ...Ce qui fait que mon gendre me prie de vous témoigner,
» en même-tems, les mêmes sentimens , qui font que j'ai
» l'honneur d'être, avec respect, monsieur et cher confrère,
» votre concitoyen, Cassandre. »
Il n'y a plus qu'à la ployer et la mettre à la poste.

G I L L E S.

A la poste de Chartres.

C A S S A N D R E.

On fait d'exellens pâtés dans votre pays, mon gendre ?

G I L L E S.

Dans tous les coins de la villes , et ils sont renommés ,
je dis.

COLOMBINE.

En quoi, monsieur Gilles ?

GILLLES.

En bécasse, mademoiselle.

CASSANDRE.

Pourquoi ne m'en avez-vous pas envoyé, quand vous m'écriviez ?

GILLES.

Laissez-donc, beau-père, c'est une plaisanterie ; je fais toujours pâtés quand j'écris.

CASSANDRE, *riant.*

Toujours gaî ! toujours badin !... C'est bien l'humeur de feu sa tante... Mais le tems presse, allons mettre notre lettre à la poste, et de-là, nous passerons chez le notaire.

GILLES.

Cher objet de ma flamme, je suis au désespoir de vous quitter ; mais je ne fais qu'un saut pour revenir plus vîte.

COLOMBINE, *à part.*

L'imbécile !

(*M. Cassandre et Gilles vont auprès de la porte, Arlequin passe par derrière eux et se trouve dans la chambre.*)

SCENE IX.
COLOMBINE, ARLEQUIN.

ARLEQUIN.

Le tems presse, ma bonne amie, ton père va t'unir à ce bêta de Gilles ; je me suis contenu tout à l'heure ; mais s'il revient, sangodémi ! je veux lui couper les oreilles.

COLOMBINE.

Quelle imprudence, mon ami ; s'il allait te blesser !

ARLEQUIN.

Oh ! ne crains rien, sa bravoure m'est connue ; il avait tenu à Chartres des propos contre moi, et voulant avoir une explication amicale avec lui, je fus le trouver, et...

Air : *Vaud. de Lasthenie.*

Je *pris* un ton doux, mais il *prit*
Soudain le ton de la rudesse ,

Je pris feu sur ce qu'il me dit,
Il prit le ton de politesse ;
Bientot je *pris* l'air fanfaron,
Alors la peur le *prit* de suite,
Hardiment je *pris* un bâto n,
Et sans attendre il *prit* la fuite.

(Gilles arrive tout doucement et voit Arlequin avec Colom-
bine.)

GILLES.

Ah ! ah ! je vous y prend, mademoiselle, c'est bon ! c'est
bon ! je vais en avertir monsieur votre père. (*il sort en ap-*
pelant M. Cassandre.)

COLOMBINE.

Oh ciel ! ou te sauver ?

ARLEQUIN.

Le coquin reste sur le carré , il n'y a pas moyen de sortir.

COLOMBINE.

Il faut te cacher.

ARLEQUIN.

Où ?

COLOMBINE.

Dans cette armoire.

ARLEQUIN, *ôte un carton dans l'armoire et y entre.*
Prends ce carton.

COLOMBINE.

Donne.

(elle prend le carton et le met sur l'appui de la fenêtre.)

SCENE X.

COLOMBINE, ARLEQUIN, *caché dans l'ar-*
moire, CASSANDRE, GILLES.

GILLES.

Arrivez donc, arrivez donc, papa Cassandre , je vous dis
qu'ils sont ensemble ; tout-à-l'heure , en remontant pour
prendre un pain à cacheter, je les ai vus comme je vous vois.

CASSANDRE.

Cela n'est pas possible , vous dis-je , et mademoiselle Cassandre se respecte trop...

GILLES.

Ah ! ben oui , voyez comme elle est troublée !

CASSANDRE.

Serait-il vrai , ma fille ; que veux dire tout ceci ?

COLOMBINE.

Que Gilles est un imposteur.

GILLES.

C'est égal , il faut chercher par-tout ; dans cette armoire , d'abord.

COLOMBINE, *s'approche de la croisée et pousse le carton dans la rue , à part.*

Bon ! Scapin est encore là , il n'y à pas de danger...(*haut.*) Ah ! mon père , ce carton vient de tomber dans la rue.

CASSANDRE, *regardant.*

Dieux ! le carton de mes protets ! ma fortune est perdu ! je suis ruiné s'il se perd un parpier ! mon ami Gilles, courrons les ramassér.

GILLES.

Qu'est-ce qu'il dit donc , sa fortune ; j'y vole.

(*ils sortent tous deux.*)

SCENE XI.
COLOMBINE, ARLEQUIN.

COLOMBINE.

Sors , mon ami, je te dirai dans un autre moment par quelle ruse je viens de les envoyer dans la rue.

ARLEQUIN.

Déjà s'éloigner de toi.

COLOMBINE.

Il le faut pour n'être pas surpris.

ARLEQUIN.

Pense à moi , ma bonne amie.

COLOMBINE.

Vite , vite , sauve-toi.

(*il sort.*)

Cassandre   C

SCENE XII.

COLOMBINE, *seule.*

Le voilà hors de danger... Regardons par la fenêtre si
mon père... Dieux ! comme il court... sans doute Scapin...
Amour j'implore ta puissance.

RONDEAU.

Air : *Sexe chamant.* (de Gulnare.)

J'aime Arlequin depuis long-tems, j'espère,
Qu'ensemble nous serons unis,
Hélas ! ne m'est-il plus permis
De vaincre encor le cœur d'un père ?
Dans l'âge des desirs,
Tout promets les vrais plaisirs ;
Oui, dans notre petit ménage
Nous aurons des jours sans nuage ;
Viens, viens, dieu des amours,
Embellir nos jours,
Pour toujours, pour toujours.

J'aime Arlequin, etc.

Dès le moment de sa prem ière ardeur
Se marier est ce que l'on projette,
Et quand l'amour nous promet le bonheur,
L'hymen soudain doit acquitter sa dette.

J'aime Arlequin depuis long-tems, j'espère,
Qu'ensemble nous serons unis,
Hélas ! ne m'est-il plus permis
De vaincre encor le cœur d'un père ?

SCENE XIII.

COLOMBINE, CASSANDRE et GILLES, *tout crotté.*

CASSANDRE.

Ouf ! je n'en puis plus.

GILLES.

Il courait comme un basque.

CASSANDRE.

Le fripon, plus je lui criais : monsieur, ce carton que
vous emportez est à moi... ce sont mes papiers... Bah ! c'é-
tait comme si je ne parlais pas, il fuyait encore plus vite...
Fille imprudente.

COLOMBINE.

Mon père...

GILLES.

C'étoit le chien de Jean - de - Nivelle que cet homme-là.

CASSANDRE.

Et vous, mon cher Gilles, l'accident qui vous est arrivé ?

GILLES.

N'est rien.

CASSANDRE.

Ce cabriolet qui vous a renversé avec un autre passant...

GILLES.

M'a couvert de boue... mais ce qui m'a fait le plus rire, c'est l'autre homme à qui il avait presque cassé la jambe, et qui criait aux passans... Arrêtez, arrêtez, ce cabriolet, je veux mettre son numéro à la loterie.

CASSANDRE.

Que de malheurs ! et je suis ruiné.

GILLES.

Ah! mon dieu, il me fait trembler.

CASSANDRE.

Je ferai tambouriner par toute la ville, je reconnaîtrai mon fripon ; j'ai sa tournure présente à ma mémoire. Un manteau rayé rouge, une culotte pareille, un chapeau sur l'oreille.

COLOMBINE, *à part.*

Bon ! c'est Scapin.

GILLES.

Mais toute votre fortune n'était pas dans ce carton.

CASSANDRE.

Absolument toute. Tous les billets que j'avais à protester, il me faudra les rembourser. Malheureux Cassandre, que vas-tu devenir.

GILLES.

Et la dot de Colombine ?

CASSANDRE.

Elle en avait une ; maintenant elle n'en a plus.

GILLES.

Ah ça ! dites donc, beau-père, c'est peut-être pour m'éprouver ce que vous me dites là !

CASSANDRE.

Hélas ! ce n'est que trop vrai.

GILLES.

Qu'est-ce que dirait donc mon père, si j'épousais une fille qui n'a pas de fortune.

CASSANDRE.

Il lui reste sa beauté et ses vertus.

GILLES.

Oui, une jolie vertu, une fille qui, la veille de se marier, reçoit et cache son amant.

COLOMBINE.

Suis-je assez humilliée…. O ! mon Arlequin, que je te regrette…Vous l'entendez, mon père.

CASSANDRE.

J'ai votre parole, et vous l'épouserez, monsieur.

GILLES.

Je ne l'épouserai pas.

CASSANDRE.

Vous l'épouserez, vous dis-je.

GILLES.

Il est fort celui-la.

CASSANDRE.

Vous aimiez, disiez-vous.

GILLES.

Oui, j'aimais et j'aime encore.

CASSANDRE.

Jolie preuve…

GILLES.

Mais c'est à Chartres, où je retourne.

(Il va pour sortir.)

SCENE XIV ET DERNIERE.

LES PRÉCÉDENS, ARLEQUIN.

ARLEQUIN, *arrêtant Gilles.*

Halte-la, monsieur le fripon.

CASSANDRE.

C'est encore ce mauvais sujet.

ARLEQUIN.

M. Cassandre, daignez m'entendre.

COLOMBINE.

Mon père, écoutez-le.

ARLEQUIN.

J'ai appris , M. Cassandre , l'accident qui vous est arrivé, et j'y prends une si vive part , que je viens vous proposer d'épouser Colombine sans dot.

GILLES.

Epouse , épouse va , je ne m'y opposerai pas.

CASSANDRE.

Il est bien question de mariage , quand je suis ruiné.

ARLEQUIN.

Tous vos papiers ne sont peut-être pas perdus.

CASSANDRE.

Serait-il possible ?

GILLES.

Dites-donc , papa Cassandre , ce que je disais , tout-à-l'heure , n'était que pour plaisanter.

ARLEQUIN.

Voici le fait :

Air : *De la Contredance de Hullin.*

J'étais chez l'épicier du coin ,
C'est toujours chez lui que j'achette ,
Quand je vois arriver de loin
Scapin qui se cache avec soin ;
J'apperçois que sous sa veste
Il porte un carton pesant ,
Il me voit, et d'un pas leste ,
Il s'enfuit , mais vainement ,
Car soupçonnant la trahison ,
Et pour ne pas perdre sa trace ,
Me cachant dans une maison ,
Mon œil suit par tout le fripon.
Il traverse alors la place ,
Je le suis sur ses talons ,
Il détourne , et , face à face ,
Malgré lui nous nous trouvons.
Je devine à son air confus
Pour quelles raisons il m'évite ,
Je l'appelle , cris superflus ,
Le drôle s'enfuit encor plus ;
Mais il a beau courir vîte ,

Je le rejoins à l'instant,
Pour éviter ma poursuite,
Il entre chez un marchand;
Je ne quitte pas mon fripon,
J'écoute et j'entends qu'il propose
De vendre, à bon compte, au garçon,
Tous les papiers de son carton;
Il en offre peu de chose,
J'entre aussitôt sans façon,
Je déguise,
Ma surprise,
Quand j'apperçois votre nom.
Je reconnais
Tous vos projets,
De me les rendre je le somme,
Il me refuse, et dans l'instant.
Je vois qu'il les vend
Au marchand.
Quand on lui compte la somme,
Je lui donne trois fois plus,
Et voilà bientôt mon homme,
Qui reçoit tous mes écus;
Profitant d'un marché si bon,
Je cours aussitôt, dieu sait comme,
Et reviens dans votre maison
Pour vous rendre votre carton.

CASSANDRE.

Donne, que je le revois !

ARLEQUIN.

Le voici, M. Cassandre.

CASSANDRE.

C'est bien lui ! Dieu ! quel bonheur !

GILLES, à part.

Si j'avais sû ça plutôt.

COLOMBINE.

Mon père, une semblable action...

CASSANDRE.

Mérite une récompense, et je la lui donne.

ARLEQUIN.

Ma bonne petite amie !... quel plaisir !

CASSANDRE.

Quant à M. Gilles, dont cet accident m'a fait connaître
le caractère, il peut s'en retourner à Chartres.

ARLEQUIN.
Entendez-vous, mon ami ?
GILLES.
Sûrement que j'y retourne, et que je m'y lance dans le sein de Thémis, qui me tend les bras pour me consoler des disgraces de l'amour.

VAUDEVILLE.

Air : *Vaudeville du Mameluck à Paris.*

GILLES.
Quand l'ingrate Colombine
Rejette mes tendres vœux,
Vers Chartres je m'achemine
Pour y former d'autres nœuds ;
A l'exemple de mon père,
Qu'on renommait autrefois,
A Chartres, comme à Cythère,
Je veux faire des *exploits.*

CASSANDRE.
Aux beaux jours de ma jeunesse,
Dans mes amoureux transports,
Je savais, avec adresse,
Faire une *prise-de-corps* ;
Alors mes billets aux belles
Au jour étaient acquittée,

Aujourd'hui.
Tous ceux que je fais pour elles,
Par l'amour sont protestée.

ARLEQUIN.
L'homme au déclin de son âge,
Qui par l'amour inspirée,
Pense encore au mariage,
Sans contredit est timbré ;
Le barbon qui se marie,
Grace aux soins d'un tendre amant,
Dans la grande confrérie,
Subit l'*enregistrement.*

COLOMBINE, *au public.*
Ne jugez pas cette ouvrage
Comme on juge un grand procès,
Loin d'obtenir l'avantage,
L'auteur serait pour ses frais ;
N'allez pas sans indulgence
Le traiter en criminel,
Car chez nous votre sentence
S'exécute sans *appel.*

FIN.